10 Centimes

Hommage

À

Jeanne d'Arc

par

Paul Déroulède

DISCOURS PRONONCÉ
A ORLÉANS
LE 8 MAI 1909
AU BANQUET DE LA
LIGUE DES PATRIOTES

BLOUD et Cie, Éditeurs, 7, Place St-Sulpice, PARIS.

VIENT DE PARAITRE

chez les mêmes Éditeurs.

PAGES FRANÇAISES

PAR

Paul DÉROULÈDE

Précédées d'une Étude par Jérôme et Jean THARAUD

Un volume in-18. . . . . 3 fr. 50

DISCOURS

Prononcé à Orléans le 8 mai 1909

AU BANQUET
de la Ligue des Patriotes

Mesdames, Messieurs,

Il n'est pas de disposition d'esprit plus fâcheuse pour un auditoire que de s'attendre à un discours tout différent de celui qui sera prononcé; il n'est pas non plus de déception qui puisse être plus funeste à un orateur. Je répéterai donc bien vite et bien haut ce qu'a si sagement écrit mon ami Marcel Habert dans le journal la *Patrie*.

Je ne suis venu ici ni pour faire une manifestation politique, ni pour invectiver les ministres, les ministériels et le régime parlementaire, que je juge pourtant fort coupables ; j'y suis venu pour saluer Jeanne d'Arc, pour parler de Jeanne d'Arc, et pour la saluer et pour en parler en patriote chrétien que j'ai toujours été, en républicain catholique que je serai toujours.

Je ne voudrais pourtant pas, messieurs, que cette profession de foi — c'est bien le mot — puisse être attribuée par vous, soit à l'émotion que m'a mise au cœur la pieuse et magnifique cérémonie de tout à l'heure, soit à la reconnaissance qu'a fait naître en moi le geste inspiré par lequel Pie X a porté à ses lèvres le drapeau de la France. Je n'ai attendu ni ce pèlerinage à Orléans, ni cet émouvant écho des cérémonies de Saint-Pierre de Rome pour être ce que je suis et penser ce que je pense. Je rappellerai qu'il y a vingt ans, j'ai tenu ce même langage à la tribune de la Chambre en réponse à la proposition d'un garde des sceaux tendant à supprimer le dimanche comme jour férié et je rappelle également que, pendant ma dernière campagne électorale en Charente, j'ai aussi nettement réclamé la revision des lois constitutionnelles que la revision des lois antireligieuses.

Vous me direz peut-être que cela ne m'a pas beaucoup réussi, j'en demeure d'accord, mais vous m'accorderez bien à votre tour qu'à aucune époque de ma vie publique, ce n'a été sur le succès ou sur l'insuccès de mes idées que j'ai réglé ma conscience et mes convictions.

Ceci posé, me blâme qui voudra, sourie qui voudra, mais qui m'écoutera n'est exposé du moins à aucune surprise et à aucun malentendu.

Être de cœur avec les gens n'est trop

souvent qu'une formule d'égoïsme et de paresse, il faut, dès qu'on le peut, y être de corps.

Et ce n'est pas seulement pour les amis vivants qu'il faut prendre la peine de se déranger et de se déplacer, c'est aussi pour les amis morts. Voilà pourquoi mes camarades parisiens et moi sommes venus aujourd'hui à Orléans. Car, n'est-ce pas, patriotes, le fait qu'elle ait été promue par l'Eglise au rang de bienheureuse ne nous empêche pas de considérer toujours la grande Jeanne d'Arc comme notre grande amie. Il y a si longtemps que nous l'aimons d'avoir aimé la Patrie, si longtemps que nous l'admirons d'avoir si généreusement offert sa vie pour empêcher la mort de sa nation; si longtemps que nous la bénissons d'avoir sauvé la terre et la race, le sang et l'âme de la France !

O chère et sainte paysanne, ce n'est pas nous qui contesterons la vérité de ton affirmation ! Assurément oui ! ta mission était de Dieu, puisque aussi bien il n'est pas dans toute notre histoire de plus divin miracle, il n'en est pas de plus évident que ton apparition libératrice.

Certes, il y a eu avant elle, il y a eu après elle, de glorieux hommes de guerre élevés dans le métier des armes, de vaillants hommes du peuple enrôlés sous nos drapeaux qui ont utilement et héroïquement servi la Patrie, mais ni avant elle, ni après elle, ni en France, ni en Europe, ni dans l'univers entier aucune fille des champs « ne sachant ne A ne B », comme elle le disait naïvement elle-même, ne s'est tout à coup métamorphosée en chef d'armée, n'est tout à coup devenue un capitaine victorieux, n'est passée tout à coup du modeste rôle de gardeuse de brebis, au rôle sublime de gardienne du royaume, de conducteur de peuple, de créatrice de courages, de pasteur d'âmes !

Je sens, Messieurs, à quel point est

grammaticalement incorrect ce mélange de qualificatif féminins et masculins; mais il n'est guère possible de parler autrement de cette héroïne qui fut un héros, de cette jeune fille qui a été notre bon ange, de cette créature exceptionnelle qui est un être sans pareil ?

C'est qu'en effet Jeanne d'Arc avec tout son courage et toute sa charité, tout son enthousiasme et toute sa sagesse, toute son éloquence et toute sa sagacité, Jeanne d'Arc est en même temps une Française et un Français, elle est bien plus, elle est la France même !

Quelqu'un d'entre vous a-t-il jamais dénombré combien d'années ont suffi à cette fille au grand cœur pour mettre dans notre histoire ce rayon pur et lumineux que rien n'efface, que rien ne ternit, que rien n'égale; dont cinq siècles passés n'ont fait que raviver la splendeur; que les matérialistes se sont en vain efforcés d'éteindre et que le jugement de l'Église a définitivement transformé hier en une auréole de béatitude ? Deux ans ! En vérité, oui, Messieurs ! la mission de Jeanne sur la terre de France n'a duré que deux ans. Elle est née à la gloire humaine le 8 mai 1429 en cette même ville d'Orléans qu'elle délivra ! Elle est entrée dans la gloire éternelle le 30 mai 1431 au milieu des flammes du bûcher de Rouen qui fut tout ensemble sa transfiguration et son calvaire.

Et à quel âge la glorieuse Pucelle avait-elle déjà rempli son extraordinaire destinée ? Ce serait à ne pas le croire, si les textes n'étaient pas là pour le confirmer : Jeanne d'Arc a dix-sept ans quand elle se présente à la Cour du petit roi de Bourges, elle n'en a pas dix-neuf quand elle comparaît devant l'odieux tribunal présidé en fait par l'indigne évêque de Beauvais, Pierre Cauchon, mais dirigé, excité, soudoyé par le cruel

Warwick, mandataire spécial du roi d'Angleterre.

Vous rendez-vous compte, Messieurs, de tout ce qu'il y a d'inouï, de prodigieux, d'incompréhensible et par cela même d'inexplicable pour toute science purement humaine non pas seulement dans les hauts faits de la guerrière improvisée ou dans la constance de l'indomptable prisonnière, mais en particulier et précisément dans la résolution initiale de l'humble bergère de Domrémy ?

Perdue au fond d'un obscur village du pays lorrain, isolée avec ses troupeaux au milieu des champs et des bois, n'étant ni assez riche pour avoir à craindre pour ses domaines, ni assez pauvre pour avoir à fuir la misère, n'ayant aucun intérêt personnel, aucun esprit de vengeance ou d'ambition, sans autre guide que son instinct, sans autre aide que sa foi, la noble créature a conçu à elle seule et par elle-même ce que devait être une nation, ce qu'était une Patrie. Elle a souffert des maux de la France, elle a saigné de ses blessures, elle s'est désespérée de ses défaites et de son invasion, comme d'un mal personnel, comme d'une plaie à son propre corps, comme d'une atteinte à son propre honneur.

Car ses voix du ciel, dont je ne doute pas, ses voix ne se sont pas adressées à une indifférente, elles ne sont pas venues réveiller un cœur endormi ; elles ont plutôt fini par répondre aux supplications, aux prières et aux angoisses incessantes d'une âme déchirée « par la grande pitié qui était au royaume de France ».

Tout a été dit, Messieurs, et admirablement dit depuis plusieurs années, depuis quelques semaines, aujourd'hui même au sujet de cette patriote unique au monde, que le souverain pontife vient de glorifier et dont tous les Français vraiment

*

Français n'ont jamais cessé et ne cesseront jamais de se glorifier eux-mêmes. Mais de ce que l'adorable fille a reçu de la bouche des orateurs les plus éloquents et les plus autorisés, des éloges dignes d'elle, il ne s'ensuit pas que je veuille et puisse refuser un verset de plus à ses litanies, une strophe de plus à son hymne, une génuflexion de plus à son nouvel autel.

La plus belle biographie de Jeanne d'Arc ce ne sont d'ailleurs pas ses admirateurs qui l'ont écrite, sa plus triomphante apologie ce ne sont pas ses défenseurs qui l'ont rédigée, c'est tout d'abord très inconsciemment et à coup sûr bien contre son gré, le greffier du tribunal de Rouen chargé d'enregistrer au jour le jour les interrogatoires et réponses de « Jehanne, dite la Pucelle, menteresse, pernicieuse, abuseresse de peuple, devineresse et mécréante », ainsi que la qualifiait péremptoirement l'arrêt infâme du non moins infâme évêque Cauchon.

Son second panégyriste plus sincère mais non pas plus convaincant que le premier ce sera, quelques années plus tard, un autre greffier d'un autre tribunal, le tribunal de réhabilitation celui-là, et dont le volumineux compte rendu abonde en témoignages contemporains sur la pureté, sur la vertu, sur la vaillance physique et sur la valeur morale de cette vraie madone de la Patrie.

Ces deux documents d'un intérêt poignant et passionné n'ont été publiés pour la première fois dans leur texte intégral que vers le milieu du siècle dernier. De là vient selon moi le long intervalle de temps qui s'est écoulé entre la justification de 1456 et la béatification de 1909. Je serais assez porté à croire que c'est l'étude attentive de ces deux procès qui a inspiré au pieux et érudit évêque Dupanloup la première idée de sa requête au Saint

Siège en faveur de la canonisation de Jeanne d'Arc. Quant à moi, je n'ai jamais pu consulter ces pièces authentiques sans que les larmes ne m'aient maintes fois jailli des yeux, et j'ai puisé à leur double source l'admiration émue et émerveillée que j'ai le désir et que je voudrais avoir le pouvoir de faire passer de mon cœur dans vos cœurs.

Tout d'abord et pour répondre aux sceptiques qui, sans autre motif que leur scepticisme même ou que leur indulgence sur ce point, émettent volontiers des doutes sur la virginité de cette intrépide chevalière qui passait six jours et six nuits avec son harnois de guerre sur le dos, je leur affirme, et mon affirmation s'appuie sur des textes, que de sa première à sa dernière parole Jeanne d'Arc a toujours témoigné qu'elle attachait une importance religieuse, ou si les sceptiques l'aiment mieux, superstitieuse, à conserver sa pureté d'âme et de corps..

« Tant que je me garderai pure, disait-elle, les saintes ne m'abandonneront pas et, si je meurs comme je suis née, elles m'ont promis le Paradis. »

Jeanne se plaisait en outre à répéter à elle-même et aux autres — ainsi que le raconte une de ses amies de Vaucouleurs — certaine prophétie annonçant que la France perdue par une femme serait sauvée par une vierge des marches de Lorraine... Et puis en vérité, entre son adoration pour Dieu et sa passion pour la France, quelle place aurait pu trouver dans ce cœur déjà si plein une quelconque de nos amours humaines.

Plus naturel serait-il encore de la taxer de folie que d'impureté.

Mais Jeanne n'était pas plus folle que dissolue. Très au-dessus de l'humanité par la sublimité de son sacrifice aussi voulu que consenti, elle se montre logiquement et simplement humaine dans ses relations de la vie quotidienne, charmant jusqu'à ses compagnons d'armes par sa bonne humeur et par son bon sens. Tout en étant une créature d'extase et de foi, elle n'en était pas moins un être de réflexion et de raisonnement. La Providence lui a fort heureusement permis de faire cette importante démonstration en épargnant sa vie sur les champs de bataille.

Si, en effet, la sainte héroïne y fut tombée frappée à mort, même en un jour de victoire plus décisive que celles d'Orléans ou de Patay, son nom se fut assurément transmis à nous d'âge en âge à côté de ceux de Gaston de Foix et de Bayard, de Du Guesclin et du grand Ferré, — ce rude bûcheron qui taillait les Anglais à coup de hache, — mais son âme, sa grande âme, fut restée pour nous une énigme et un mystère. Il ne fallait pas moins que cet abominable procès d'accusation en sorcellerie pour nous révéler ce qu'elle était, ce qu'elle voulait et ce qu'elle valait.

Au cours de ces longs et douloureux débats suscités et conduits sous main par les capitaines anglais furieux et honteux d'avoir été vaincus par une enfant, c'est l'enfant qui juge les juges, c'est l'accusée dont chaque répartie condamne les accusateurs à l'impuissance, ou, ce qui est pire, à la nécessité d'être injustes. Pas une de ses phrases qui ne soit nette comme une claironnée ou tranchante comme un glaive. Les enquêteurs se perdent en arguties, en sophismes, en obscurités volontaires ou professionnelles. Chacun de leurs points d'interrogation est un piège, chacune de leurs objections un guet-apens. Jeanne les arrête d'un mot et les casuistes restent confondus devant ces deux cas non prévus par eux : la simplicité et le courage.

Ecoutez la tenir tête à la meute hurlante des interrogateurs qui la harcèlent tous ensemble en un assaut de questions furieuses : « Mes bons seigneurs, faites l'un après l'autre si vous voulez que j'entende. » A un clerc retors qui essaie de la faire tomber dans le péché d'orgueil et lui pose brusquement ce problème : « Jeanne, vous croyez-vous toujours en état de grâce ? » — « Si j'y suis que Dieu m'y garde, si je n'y suis pas qu'il m'y mette. »

A cet autre qui lui demande si elle n'a jamais usé de sortilèges pour braver la mort : « — Mes sortilèges étaient l'amour de la France et le mépris du danger. » Et, comme la brute insiste et s'enquiert des moyens qu'elle employait pour entraîner ses soldats : « — Je leur disais : entrez hardiment emmy les Anglais, et je y entrais la première. » Puis, voici venir la série des questions captieuses : « Quand ils vous apparaissaient, vos saints et vos saintes étaient-ils tout nus? — Dieu est assez riche pour vêtir les siens ! —

Enfin, au méchant évêque de Beauvais qui lui fait un crime d'avoir osé introduire son étendard de guerre dans la cathédrale de Reims, cette réponse qui, pour être la plus connue, n'en est pas la moins belle : « — Il avait été à la peine, c'était raison qu'il fût à l'honneur ! »

Et elle n'a pas vingt ans ! Et elle est seule, toute seule au milieu de ce prétoire d'assassins gagés par l'Anglais ! Et elle ne quitte l'isolement de son banc d'accusée que pour passer à l'isolement de son cachot de prisonnière. Là des juges hostiles et perfides, ici des soudards anglais grossiers et violents. Et à aucune heure, en aucun lieu, personne qui la réconforte et qui la guide, qui la conseille et qui la console. Voilà pourtant déjà huit mortels mois que la blessée de Compiègne est traînée de geôle en geôle, de Noyon à Arras, d'Arras à Dieppe, de Dieppe à la tour de Rouen. Mais ici ou là, dans sa cage de fer ou dans sa basse fosse, rien ne brise son courage, rien ne lasse sa volonté, rien ne modifie son attitude ni son langage.

Et vous douteriez, vous pourriez douter que la main de Dieu se soit réellement étendue sur ce front d'enfant pour la préserver du désespoir et de l'égarement, de l'abattement ou du vertige !...

Cependant, le menu peuple s'émeut au spectacle de tant d'endurance, de tant de magnanimité et de sang-froid. Les superbes répliques de la divine inspirée vont de bouche en bouche augmenter les sympathies ou les respects de tout ce qui n'est pas de connivence avec les « Goddons », comme Jeanne les appelle. Un de ces « Goddons » lui-même ne peut retenir son admiration et s'écrie bonnement en pleine audience : « Ah ! la brave femme ! que n'est-elle Anglaise ! »

Aussi, Warwick qui veille et Cauchon qui s'impatiente, décident que les interrogatoires se continueront désormais dans l'intérieur de la prison. Dès lors, comme le feront aux derniers jours de leur orgie de sang les terroristes de la Révolution, le tribunal des affidés du roi d'Angleterre qui avaient déjà refusé tout avocat à Jeanne lui refusent, par surcroît, tout public. Désormais, elle parlera dans l'ombre, elle se défendra à huis clos, elle luttera au milieu des ténèbres et de la solitude de son cachot ; mais, là encore, là toujours, même en ce lugubre encerclement d'oiseaux de proie dont Warwick continue à aiguiser les becs et les ongles, elle ne baisse ni le ton, ni la voix, non pas même la tête.

Un jour, le neuvième de mai 1431, l'évêque et ses assesseurs pénètrent dans sa cellule, ils font étaler sous ses yeux tous les appareils de la torture: chevalets, tenailles, poix bouillante. Ecoutez ! écoutez cette déclaration de la vaillante vainement menacée : « — Quand vous me feriez broyer les membres et arracher l'âme du corps, je ne vous dirais rien autre chose que ce que je vous ai dit, et si je vous disais quelque chose d'autre, je protesterais aussitôt après que vous me l'avez fait dire par force et contre mon gré ! »

Vous en faut-il plus, patriotes ? Avez-vous besoin de me suivre encore jusqu'au pied de son bûcher ? Avez-vous besoin d'y voir l'héroïne monter sans faiblesse, d'y entendre la chrétienne demander et donner pardon à tous, d'y regarder la martyre brûler et mourir en baisant la croix, pour déclarer avec elle et comme elle en cette heure suprême que la mission de Jeanne était bien de Dieu ?

Cette mission, messieurs, la missionnaire l'a expliquée elle-même en maints propos et sous maintes formes ; nulle part elle ne l'a mieux résumée qu'en son cri de guerre tant de fois répété : « Il faut bouter l'Anglais hors de France. » Quand Jeanne parle ainsi, ce n'est pas, vous l'entendez bien, qu'elle ait voué une haine particulière à telle ou telle nation, mais c'est que la nation dont elle parle occupe et détient le sol de sa Patrie, opprime et pressure son peuple, blesse et tue les soldats de la France.

Elle en eût dit tout autant cent cinquante ans plus tard des Espagnols maîtres de l'Artois et du Roussillon ; tout autant, trois siècles après, des Impériaux ravageant les Flandres ; tout autant des coalisés de 1792, des alliés de 1814, tout autant et plus encore de nos envahisseurs de 1870 et des geôliers de notre Alsace et de notre Lorraine.

Aussi est-ce en souvenir d'elle que je vous jetterai à tous et à toutes ce pressant appel : Espoir quand même, Français et Françaises, courage quand même ! En haut les cœurs et les fronts ! Laissons passer et s'agiter au-dessous de nous les misérables querelles de partis ! Unissons-nous et fondons-nous en une irréductible phalange de protestation nationale ! Et pensons et disons comme la Libératrice : « Oui, tout étranger qui est l'ennemi, tout étranger qui est le conquérant, tout étranger qui veut être le maître, il faut tout faire pour le bouter hors de France ! »

Il est également de la f.ère Pucelle, ce noble devis : « Les femmes prieront, les hommes batailleront, Dieu vaincra ! »

Paris. — Imp. de la PRESSE et de la PATRIE

www.ingramcontent.com/pod-product-compliance
Lightning Source LLC
Chambersburg PA
CBHW070455080426
42451CB00025B/2747